Johann Peter Hebel

Johann Peter Hebel

DIE SCHÖNSTEN KALENDERGESCHICHTEN

Mit Illustrationen von
Irmela Schautz

Insel Verlag

Insel-Bücherei Nr. 1522

DIE SCHÖNSTEN KALENDERGESCHICHTEN

1

DAS MITTAGESSEN IM HOF

Man klagt häufig darüber, wie schwer und unmöglich es sei, mit manchen Menschen auszukommen. Das mag denn freilich auch wahr sein. Indessen sind viele von solchen Menschen nicht schlimm, sondern nur wunderlich, und wenn man sie nur immer recht kennte, inwendig und auswendig, und recht mit ihnen umzugehen wüßte, nie zu eigensinnig und nie zu nachgebend, so wäre mancher wohl und leicht zur Besinnung zu bringen. Das ist doch einem Bedienten mit seinem Herrn gelungen. Dem konnte er manchmal gar nichts recht machen, und mußte vieles entgelten, woran er unschuldig war, wie es oft geht. So kam einmal der Herr sehr verdrüßlich nach Hause, und setzte sich zum Mittagessen. Da war die Suppe zu heiß oder zu kalt, oder keines von beiden; aber genug, der Herr war verdrüßlich. Er faßte daher die Schüssel mit dem, was darinnen war, und warf sie durch das offene Fenster in den Hof hinab. Was tat der Diener? Kurz besonnen warf er das Fleisch, welches er eben auf den Tisch stellen wollte, mir nichts, dir nichts, der Suppe nach, auch in den Hof hinab, dann das Brot, dann den Wein, und

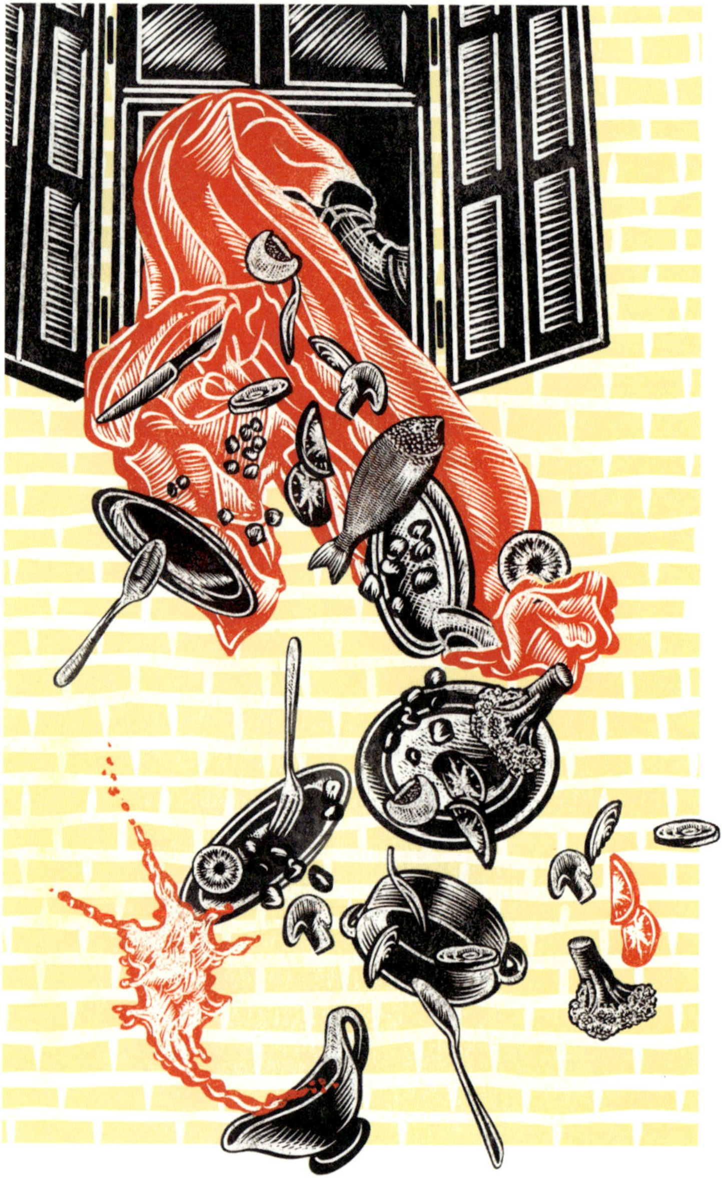

endlich das Tischtuch mit allem, was noch darauf war, auch in den Hof hinab. »Verwegener, was soll das sein?« fragte der Herr, und fuhr mit drohendem Zorn von dem Sessel auf. Aber der Bediente erwiderte kalt und ruhig: »Verzeihen Sie mir, wenn ich Ihre Meinung nicht erraten habe. Ich glaubte nicht anders, als Sie wollten heute in dem Hof speisen. Die Luft ist so heiter, der Himmel so blau, und sehen Sie nur, wie lieblich der Apfelbaum blüht, und wie fröhlich die Bienen ihren Mittag halten.« – Diesmal die Suppe hinabgeworfen, und nimmer! Der Herr erkannte seinen Fehler, heiterte sich im Anblick des schönen Frühlingshimmels auf, lächelte heimlich über den schnellen Einfall seines Aufwärters und dankte ihm im Herzen für die gute Lehre.

DER KLUGE RICHTER

Daß nicht alles so uneben sei, was im Morgenlande geschieht, das haben wir schon einmal gehört. Auch folgende Begebenheit soll sich daselbst zugetragen haben: Ein reicher Mann hatte eine beträchtliche Geldsumme, welche in ein Tuch eingenähet war, aus Unvorsichtigkeit verloren. Er machte daher seinen Verlust bekannt, und bot, wie man zu tun pflegt, dem ehrlichen Finder eine Belohnung, und zwar von hundert Talern an. Da kam bald ein guter und ehrlicher Mann dahergegangen. »Dein Geld habe ich gefunden. Dies wird's wohl sein! So nimm dein Eigentum zurück!« So sprach er mit dem heitern Blick eines ehrlichen Mannes und eines guten Gewissens, und das war schön. Der andere machte auch ein fröhliches Gesicht, aber nur, weil er sein verloren geschätztes Geld wieder hatte. Denn wie es um seine Ehrlichkeit aussah, das wird sich bald zeigen. Er zählte das Geld, und dachte unterdessen geschwinde nach, wie er den treuen Finder um seine versprochene Belohnung bringen könnte. »Guter Freund«, sprach er hierauf, »es waren eigentlich 800 Tlr. in dem Tuch eingenähet. Ich finde aber nur noch 700 Tlr. Ihr werdet also wohl eine Naht aufgetrennt und Eure 100 Tlr. Belohnung schon herausgenommen haben. Da habt Ihr wohl daran getan. Ich danke Euch.« Das war nicht schön. Aber wir sind auch noch nicht am Ende. Ehrlich währt am längsten und Unrecht schlägt seinen eigenen Herrn. Der ehrliche Finder, dem es weniger um die 100 Tlr. als um seine unbescholtene Rechtschaffenheit zu tun war, versicherte, daß er das Päcklein so gefunden habe, wie er es bringe, und es so bringe, wie er's gefunden habe. Am Ende kamen sie vor den Richter. Beide bestunden auch hier noch auf ihrer Behauptung, der eine, daß 800 Tlr. seien eingenäht gewesen, der andere, daß er von dem Gefundenen nichts genommen und das Päcklein nicht versehrt habe. Da war guter Rat teuer. Aber der kluge Richter, der die Ehrlichkeit des einen und die schlechte Gesinnung des andern zum voraus zu kennen schien, griff die Sache so an: Er ließ sich von beiden über das, was sie aussagten, eine feste und feierliche Versicherung geben, und tat hierauf folgenden Ausspruch: »Demnach, und wenn der eine von Euch 800 Tlr. verloren, der andere aber nur ein Päcklein mit 700 Tlr. gefunden hat, so kann auch das Geld des letztern nicht das nämliche sein, auf welches der erstere ein Recht hat. Du, ehrlicher Freund, nimmst also das Geld, welches du gefunden hast, wieder zurück, und behältst es in guter Verwahrung, bis der kommt, welcher nur 700 Tlr. verloren hat. Und dir da weiß ich keinen Rat, als du geduldest dich, bis derjenige sich meldet, der deine 800 Tlr. findet.« So sprach der Richter, und dabei blieb es.

Der schlaue Husar

Ein Husar im letzten Kriege wußte wohl, daß der Bauer, dem er jetzt auf der Straße entgegenging, 100 fl. für geliefertes Heu eingenommen hatte, und heimtragen wollte. Deswegen bat er ihn um ein kleines Geschenk zu Tabak und Branntwein. Wer weiß, ob er mit ein paar Batzen nicht zufrieden gewesen wäre. Aber der Landmann versicherte und beteuerte bei Himmel und Hölle, daß er den eigenen letzten Kreuzer im nächsten Dorfe ausgegeben, und nichts mehr übrig habe. »Wenn's nur nicht so weit von meinem Quartier wäre«, sagte hierauf der Husar, »so wäre uns beiden zu helfen; aber wenn du hast nichts, ich hab nichts; so müssen wir den Gang zum heil. Alfonsus doch machen. Was er uns heute beschert, wollen wir brüderlich teilen.« Dieser Alfonsus stand in Stein ausgehauen in einer alten, wenig besuchten Kapelle am Feldweg. Der Landmann hatte anfangs keine große Lust zu dieser Wallfahrt. Aber der Husar nahm keine Vorstellung an, und versicherte unterwegs seinen Begleiter so nachdrücklich, der heil. Alfonsus habe ihn noch in keiner Not steckenlassen, daß dieser selbst anfing Hoffnung zu gewinnen. Vermutlich war

in der abgelegenen Kapelle ein Kamerad und Helfershelfer des Husaren verborgen? Nichts weniger! Es war wirklich das steinerne Bild des Alfonsus, vor welchem sie jetzt niederknieten, während der Husar gar andächtig zu beten schien. »Jetzt«, sagte er seinem Begleiter ins Ohr, »jetzt hat mir der Heilige gewinkt.« Er stand auf, ging zu ihm hin, hielt die Ohren an die steinernen Lippen, und kam gar freudig wieder zu seinem Begleiter zurück. »Einen Gulden hat er mir geschenkt, in meiner Tasche müsse er schon stecken.« Er zog auch wirklich zum Erstaunen des andern einen Gulden heraus, den er aber schon vorher bei sich hatte, und teilte ihn versprochenermaßen brüderlich zur Hälfte. Das leuchtete dem Landmann ein, und es war ihm gar recht, daß der Husar die Probe noch einmal machte. Alles ging das zweitemal wie zuerst. Nun kam der Kriegsmann diesmal viel freudiger von dem Heiligen zurück. »Hundert Gulden hat uns jetzt der gute Alfonsus auf einmal geschenkt. In deiner Tasche müssen sie stecken.« Der Bauer wurde todesblaß, als er dies hörte, und wiederholte seine Versicherung, daß er gewiß keinen Kreuzer habe. Allein der Husar redete ihm zu, er sollte doch nur Vertrauen zu dem heil. Alfonsus haben, und nachsehen. Alfonsus habe ihn noch nie getäuscht. Wollte er wohl oder übel, so mußte er seine Taschen umkehren und leer machen. Die hundert Gulden kamen richtig zum Vorschein, und hatte er vorher dem schlauen Husaren die Hälfte von seinem Gulden abgenommen, so mußte er jetzt auch seine hundert Gulden mit ihm teilen, da half kein Bitten und kein Flehen.

Das war fein und listig, aber eben doch nicht recht, zumal in einer Kapelle.

DAS WOHLBEZAHLTE GESPENST

In einem gewissen Dorfe, das ich wohl nennen könnte, geht ein üblicher Fußweg über den Kirchhof, und von da durch den Acker eines Mannes, der an der Kirche wohnt, und es ist ein Recht. Wenn nun die Ackerwege bei nasser Witterung schlüpfrig und ungangbar sind, ging man immer tiefer in den Acker hinein, und zertrat dem Eigentümer die Saat, so daß bei anhaltend feuchter Witterung der Weg immer breiter und der Acker immer schmäler wurde, und das war kein Recht. Zum Teil wußte nun der beschädigte Mann sich wohl zu helfen. Er gab bei Tag, wenn er sonst nichts zu tun hatte, fleißig acht, und wenn ein unverständiger Mensch diesen Weg kam, der lieber seine Schuhe als seines Nachbars Gerstensaat schonte, so lief er schnell hinzu und pfändete ihn, oder tat's mit ein paar Ohrfeigen kurz ab. Bei Nacht aber, wo man noch am ersten einen guten Weg braucht und sucht, war's nur desto schlimmer, und die Dornenäste und Rispen, mit welchen er den Wandernden verständlich machen wollte, wo der Weg sei, waren allemal in wenig Nächten niedergerissen oder ausgetreten, und mancher tat's vielleicht mit

Fleiß. Aber da kam dem Mann etwas anderes zustatten. Es wurde auf einmal unsicher auf dem Kirchhofe, über welchen der Weg ging. Bei trockenem Wetter und etwas hellen Nächten sah man oft ein langes weißes Gespenst über die Gräber wandeln. Wenn es regnete oder sehr finster war, hörte man im Beinhaus bald ein ängstliches Stöhnen und Winseln, bald ein Klappern, als wenn alle Totenköpfe und Totengebeine darin lebendig werden wollten. Wer das hörte, sprang bebend wieder zur nächsten Kirchhoftüre hinaus, und in kurzer Zeit sah man, sobald der Abend dämmerte und die letzte Schwalbe aus der Luft verschwunden war, gewiß keinen Menschen mehr auf dem Kirchhofwege, bis ein verständiger und herzhafter Mann aus einem benachbarten Dorfe sich an diesem Ort verspätete und den nächsten Weg nach Haus doch über diesen verschrieenen Platz und über den Gerstenacker nahm. Denn ob ihm gleich seine Freunde die Gefahr vorstellten und lange abwehrten, so sagte er doch am Ende: »Wenn es ein Geist ist, geh ich mit Gott als ein ehrlicher Mann den nächsten Weg zu meiner Frau und zu meinen Kindern heim, habe nichts Böses getan, und ein Geist, wenn's auch der schlimmste unter allen wäre, tut mir nichts. Ist's aber Fleisch und Bein, so habe ich zwei Fäuste bei mir, die sind auch schon dabei gewesen.« Er ging. Als er aber auf den Kirchhof kam, und kaum am zweiten Grab vorbei war, hörte er hinter sich ein klägliches Ächzen und Stöhnen, und als er zurückschaute, siehe, da erhob sich hinter ihm, wie aus einem Grabe herauf, eine lange weiße Gestalt. Der Mond schimmerte blaß über die Gräber. Totenstille war ringsumher, nur ein paar Fledermäuse flatterten vorüber. Da war dem guten Manne doch nicht wohl zumute, wie er nachher selber gestand, und wäre gerne wieder zurückgegangen, wenn er nicht noch einmal an dem Gespenst hätte vorbeigehen müssen. Was war nun zu tun? Langsam und stille ging er seines Weges zwischen den Gräbern und manchem schwarzen Totenkreuz vorbei. Langsam und immer ächzend folgte zu seinem Entsetzen das Gespenst ihm nach, bis an das Ende des Kirchhofs, und das war in der Ordnung, und bis vor den Kirchhof hinaus, und das war dumm.

Aber so geht es. Kein Betrüger ist so schlau, er verratet sich. Denn sobald der verfolgte Ehrenmann das Gespenst auf dem Acker erblickte, dachte er bei sich selber: Ein rechtes Gespenst muß wie eine Schildwache auf seinem Posten bleiben, und ein Geist, der auf den Kirchhof gehört, geht nicht aufs Ackerfeld. Daher bekam er auf einmal Mut, drehte sich schnell um, faßte die weiße Gestalt mit fester Hand, und merkte bald, daß er unter einem Leintuch einen Burschen am Brusttuch habe, der noch nicht auf dem Kirchhof daheim sei. Er fing daher an, mit der andern Faust auf ihn loszutrommeln, bis er seinen Mut an ihm gekühlt hatte, und da er vor dem Leintuch selber nicht sah, wo er hinschlug, so mußte das arme Gespenst die Schläge annehmen wie sie fielen. Damit war nun die Sache abgetan, und man hat weiter nichts mehr davon erfahren, als daß der Eigentümer des Gerstenackers ein paar Wochen lang mit blauen und gelben Zieraten im Gesicht herumging, und von dieser Stunde an kein Gespenst mehr auf dem Kirchhof zu sehen war. Denn solche Leute, wie unser handfester Ehrenmann, das sind allein die rechten Geisterbanner, und es wäre zu wünschen, daß jeder andere Betrüger und Gaukelhans ebenso sein Recht und seinen Meister finden möchte.

DER VORSICHTIGE TRÄUMER

In dem Städtlein Witlisbach im Kanton Bern war einmal ein Fremder über Nacht, und als er ins Bett gehen wollte, und bis auf das Hemd ausgekleidet war, zog er noch ein Paar Pantoffeln aus dem Bündel, legte sie an, band sie mit den Strumpfbändern an den Füßen fest, und legte sich also in das Bette. Da sagte zu ihm ein anderer Wandersmann, der in der nämlichen Kammer übernachtet war: »Guter Freund, warum tut Ihr das?« Darauf erwiderte der erste: »Wegen der Vorsicht. Denn ich bin einmal im Traum in eine Glasscherbe getreten. So habe ich im Schlaf solche Schmerzen davon empfunden, daß ich um keinen Preis mehr barfuß schlafen möchte.«

MISSVERSTAND

Im neunziger Krieg, als der Rhein auf jener Seite von französischen Schildwachen, auf dieser Seite von schwäbischen Kreissoldaten besetzt war, rief ein Franzos zum Zeitvertreib zu der deutschen Schildwache herüber: »Filu! Filu!« Das heißt auf gut deutsch: Spitzbube. Allein der ehrliche Schwabe dachte an nichts so Arges, sondern meinte, der Franzose frage: Wieviel Uhr? und gab gutmütig zur Antwort: *»Halber vieri.«*

SELTSAMER SPAZIERRITT

Ein Mann reitet auf seinem Esel nach Haus und läßt seinen Buben zu Fuß nebenherlaufen. Kommt ein Wanderer und sagt: »Das ist nicht recht, Vater, daß Ihr reitet und laßt Euern Sohn laufen; Ihr habt stärkere Glieder.« Da stieg der Vater vom Esel herab und ließ den Sohn reiten. Kommt wieder ein Wandersmann und sagt: »Das ist nicht recht, Bursche, daß du reitest und lässest deinen Vater zu Fuß gehen. Du hast jüngere Beine.« Da saßen beide auf und ritten eine Strecke. Kommt ein dritter Wandersmann und sagt: »Was ist das für ein Unverstand: Zwei Kerle auf *einem* schwachen Tiere; sollte man nicht einen Stock nehmen, und euch beide hinabjagen?« Da stiegen beide ab und gingen selbdritt zu Fuß, rechts und links der Vater und Sohn, und in der Mitte der Esel. Kommt ein vierter Wandersmann und sagt: »Ihr seid drei kuriose Gesellen. Ist's nicht genug, wenn zwei zu Fuß gehen? Geht's nicht leichter, wenn *einer* von euch reitet?« Da band der Vater dem Esel die vordern Beine zusammen, und der Sohn band ihm die hintern Beine zusammen, zogen einen starken Baumpfahl durch, der

an der Straße stand, und trugen den Esel auf der Achsel heim.

So weit kann's kommen, wenn man es allen Leuten will recht machen.

Drei Wünsche

Ein junges Ehepaar lebte recht vergnügt und glücklich beisammen, und hatte den einzigen Fehler, der in jeder menschlichen Brust daheim ist: Wenn man's gut hat, hätt' man's gerne besser. Aus diesem Fehler entstehen so viele törichte Wünsche, woran es unserm *Hans* und seiner *Lise* auch nicht fehlte. Bald wünschten sie des Schulzen Acker, bald des Löwenwirts Geld, bald des Meiers Haus und Hof und Vieh, bald einmal hunderttausend Millionen bayerische Taler kurzweg. Eines Abends aber, als sie friedlich am Ofen saßen und Nüsse aufklopften, und schon ein tiefes Loch in den Stein hineingeklopft hatten, kam durch die Kammertür ein weißes Weiblein herein, nicht mehr als einer Elle lang, aber wunderschön von Gestalt und Angesicht, und die ganze Stube war voll Rosenduft. Das Licht löschte aus, aber ein Schimmer wie Morgenrot, wenn die Sonne nicht mehr fern ist, strahlte von dem Weiblein aus, und überzog alle Wände. Über so etwas kann man nun doch ein wenig erschrecken, so schön es aussehen mag. Aber unser gutes Ehepaar erholte sich doch bald wieder, als das Fräulein mit wundersüßer silberreiner Stimme sprach: »Ich bin eure Freundin, die Bergfei, *Anna Fritze*, die im kristallenen Schloß mitten in den Bergen wohnt, mit unsichtbarer Hand Gold in den Rheinsand streut, und über siebenhundert dienstbare Geister gebietet. Drei Wünsche dürft ihr tun; drei Wünsche sollen erfüllt werden.« Hans drückte den Ellenbogen an den Arm seiner Frau, als ob er sagen wollte: Das lautet nicht übel. Die Frau aber war schon im Begriff, den Mund zu öffnen und etwas von ein paar Dutzend goldgestickten Hauben, seidenen Halstüchern und dergleichen zur Sprache zu bringen, als die Bergfei sie mit aufgehobenem Zeigefinger warnte: »Acht Tage lang«, sagte sie, »habt ihr Zeit. Bedenkt euch wohl, und übereilt euch nicht.« Das ist kein Fehler, dachte der Mann, und legte seiner Frau die Hand auf den Mund. Das Bergfräulein aber verschwand. Die Lampe brannte wie vorher, und statt des Rosendufts zog wieder wie eine Wolke am Himmel der Öldampf durch die Stube.

So glücklich nun unsere guten Leute in der Hoffnung schon zum voraus waren, und keinen Stern mehr am Himmel sahen, sondern lauter Baßgeigen, so waren sie jetzt doch recht übel dran, weil sie vor lauter Wunsch nicht wußten, was sie wünschen wollten, und nicht einmal das Herz hatten, recht daran zu denken oder davon zu sprechen, aus Furcht, es möchte für gewünscht passieren, ehe sie es genug überlegt hätten. Nun sagte die Frau: »Wir haben ja noch Zeit bis am Freitag.«

Des andern Abends, während die Kartoffeln zum Nachtessen in der Pfanne prasselten, standen beide, Mann und Frau, vergnügt an dem Feuer beisammen, sahen zu, wie die

kleinen Feuerfünklein an der rußigen Pfanne hin und her züngelten, bald angingen, bald auslöschten, und waren, ohne ein Wort zu reden, vertieft in ihrem künftigen Glück. Als sie aber die gerösteten Kartoffeln aus der Pfanne auf das Plättlein anrichteten, und ihr der Geruch lieblich in die Nase stieg: – »Wenn wir jetzt nur ein gebratenes Würstlein dazu hätten«, sagte sie in aller Unschuld, und ohne an etwas anders zu denken, und – o weh, da war der erste Wunsch getan. – Schnell wie ein Blitz kommt und vergeht, kam es wieder wie Morgenrot und Rosenduft untereinander durch das Kamin herab, und auf den Kartoffeln lag die schönste Bratwurst. – Wie gewünscht, so geschehen. – Wer sollte sich über einen solchen Wunsch und seine Erfüllung nicht ärgern? Welcher Mann über solche Unvorsichtigkeit seiner Frau nicht unwillig werden?

»Wenn dir doch nur die Wurst an der *Nase angewachsen wäre*«, sprach er in der ersten Überraschung, auch in aller Unschuld, und ohne an etwas anders zu denken – und wie gewünscht, so geschehen. Kaum war das letzte Wort gesprochen, so saß die Wurst auf der Nase des guten Weibes fest, wie angewachsen in Mutterleib, und hing zu beiden Seiten hinab wie ein Husarenschnauzbart.

Nun war die Not der armen Eheleute erst recht groß. Zwei Wünsche waren getan und vorüber, und noch waren sie um keinen Heller und um kein Weizenkorn, sondern nur um eine böse Bratwurst reicher. Noch war ein Wunsch zwar übrig. Aber was half nun aller Reichtum und alles Glück zu einer solchen Nasenzierat der Hausfrau? Wollten sie wohl oder übel, so mußten sie die Bergfei bitten, mit unsichtbarer

Hand Barbiersdienste zu leisten, und Frau Lise wieder von der vermaledeiten Wurst zu befreien. Wie gebeten, so geschehen, und so war der dritte Wunsch auch vorüber, und die armen Eheleute sahen einander an, waren der nämliche Hans und die nämliche Lise nachher wie vorher, und die schöne Bergfei kam niemals wieder.

Merke: Wenn dir einmal die Bergfei also kommen sollte, so sei nicht geizig, sondern wünsche

Numero eins: Verstand, daß du wissen mögest, was du *Numero zwei* wünschen sollest, um glücklich zu werden. Und weil es leicht möglich wäre, daß du alsdann etwas wähltest, was ein törichter Mensch nicht hoch anschlägt, so bitte noch

Numero drei: um beständige Zufriedenheit und keine Reue.

Oder so:

Alle Gelegenheit, glücklich zu werden, hilft nichts, wer den Verstand nicht hat, sie zu benutzen.

Jakob Humbel

Jakob Humbel, eines armen Bauern Sohn von Boneschwyl im Schweizer Kanton Aargau, kann jedem seinesgleichen zu einem lehrreichen und aufmunternden Beispiel dienen, wie ein junger Mensch, dem es Ernst ist, etwas Nützliches zu lernen und etwas Rechtes zu werden, trotz allen Hindernissen, am Ende seinen Zweck durch eigenen Fleiß und Gottes Hülfe erreichen kann.

Jakob Humbel wünschte von früher Jugend an ein Tierarzt zu werden, um in diesem Beruf seinen Mitbürgern viel Nutzen leisten zu können. Das war sein Dichten und Trachten Tag und Nacht.

Sein Vater gab ihn daher in seinem 16. Jahr einem sogenannten Viehdoktor von Mummental in die Lehre, der aber kein geschickter Mann war.

Bei diesem lernte er zwei Jahre, bekam alsdann einen braven Lehrbrief, und wußte alles, was sein Meister wußte, nämlich Tränklein und Salben kochen, auch Pflaster kneten für den bösen Wind, sonst nichts – und das war nicht viel.

Ich weiß einen, der wäre damit zufrieden gewesen, hätte nun auf seinen Lehrbrief und seines Meisters Wort Salben gekocht, zu Pflaster gestrichen drauf und dran für den bösen Wind, das Geld dafür genommen und selber gemeint, er sei's.

Jakob Humbel nicht also. Er ging zu einem andern Viehdoktor in Oberoltern im Emmental noch einmal in die Lehre, hielt abermal ein Jahr bei ihm aus, bekam abermal einen braven Lehrbrief, und wußte abermal – nichts, weil auch dieser Meister die wichtige Kunst selber nicht verstand, keine Kenntnis hatte von der innern Beschaffenheit eines Tieres im gesunden und kranken Zustand, und von der Natur der Arzneimittel.

Ich weiß einen, der hätt's jetzt bleiben lassen, wär' eben wieder heimgekommen wie er fortgegangen und hätt' sich mit andern getröstet, aus denen auch nichts hat werden wollen.

Fast sah es mit unserm armen Jakob Humbel ebenso aus. Mit Windsalben war wenig Geld, noch weniger Kredit und Ehre zu verdienen. Was er verdiente, zog der Vater. Humbel wurde gemeiner Taglöhner, ging in armseliger Kleidung umher, ohne Geld, ohne Rat, und dennoch hatte er noch immer den Tierarzt – nicht im Kopf, denn das wäre schon recht gewesen, sondern im sehnsuchtsvollen Verlangen. Jetzt verdingte er sich als Hausbedienter bei Herrn Ringier im Klösterli zu Zofingen. Bei diesem Herrn war er drei Jahre, bekam einen guten Lohn, und wurde gütig behandelt, wie ein Kind.

Ich weiß einen, der hätte die Güte eines solchen Herrn

mißbraucht, wäre meisterlos worden, den Lohn hätten bekommen der Wirt und der Spielmann.

Aber Jakob Humbel wußte mit seinem Verdienst etwas Besseres anzufangen. Oft wann er bei dem Essen aufwartete, hörte er die Herren am Tisch Französisch reden. Da kam er auf den Gedanken, diese Sprache auch zu lernen. Vermutlich hoffte er dadurch auf irgendeine Art leichter zu seinem Zweck zu kommen, noch ein geschickter und braver Tierarzt zu werden. Er ging mit seinem zusammengesparten Verdienst nach Nyon in die Schulanstalt des Herrn Snell, und lernte so viel, als in 9 Monaten zu lernen war. Jetzt war sein Vorrat verzehrt, und ehe er seine Studien fortsetzen konnte, mußte er darauf denken, wie er wieder Geld verdiente.

Gott wird mich nicht verlassen, dachte er. Er ging zu Herrn Landvogt Bucher in Wildenstein als Kammerdiener in Dienste, erwarb sich bei diesem und nachher bei einem andern Herrn wieder etwas Geld, und befand sich im Jahr 1798, als die Franzosen in die Schweiz kamen, in seinem Geburtsort zu Boneschwyl, und trieb mit seinem erworbenen Geld einen kleinen Kornhandel nach Zürich, der recht gut vonstatten ging, und seine Barschaft nach Wunsch vermehrte. Jetzt war er im Begriff, ins Ausland zu gehen, und von dem ehrlich erworbenen Geld endlich seine Kunst rechtschaffen zu studieren. Da wurde ein Korps von 18 000 Mann helvetischer Hülfstruppen errichtet. Die Gemeinde Boneschwyl mußte 8 Mann stellen. Die jungen Bursche müssen spielen, den guten Jakob Humbel trifft das Los, Soldat zu werden.

Ich weiß einen, der hätte gedacht: Die Welt ist groß, und

der Weg ist offen; wär' mit seiner kleinen Barschaft ins Weite gangen, und hätte seine Mitbürger dafür sorgen lassen, wo sie statt seiner den 8. Mann nehmen wollten.

Aber Jakob Humbel liebt sein Vaterland, und ist ein ehrliches Blut. Er stellte einen Mann, den er zwei Jahre lang auf seine Kosten unterhalten mußte. Das Beste von seinem erworbenen Vermögen, wovon er noch etwas lernen wollte, ging zu seinem unsäglichen Schmerzen drauf, und er dachte: Jetzt habe ich hohe Zeit, sonst ist's Mathä am letzten. Mit diesem Gedanken nahm er den Rest seiner Habschaft in die Tasche, einen Stock in die Hand, und lief eines Gangs, ohne sich umzusehen, nach Karlsruhe, und als er auf der Mühlburger Straße zwischen den langen Reihen der Pappelbäume die Stadt erblickte, da dachte er: Gottlob! und Gott wird mir helfen.

Guter Jakob Humbel, Gott hilft jedem, der sich wie du von Gott will helfen lassen, und du hast es erfahren.

In Karlsruhe ist eine öffentliche Anstalt zum Unterricht in der Tierarzneikunst. Die Lehrstunden werden unentgeldlich erteilt. Die sehr geschickten Lehrer geben sich Mühe, ihre Lehrjünger gründlich zu unterrichten. Schon mancher brave Tierarzt hat in dieser nützlichen Schule sich zu seinem Beruf vorbereitet und gebildet.

Hier war nun Humbel in seinem rechten Element, an der reichen Quelle, wo er seinen lang gehaltenen Durst nach Wissenschaft befriedigen konnte, lernte ein krankes Tier mit andern Augen anschauen als in Mummental und Emmental, konnte andere Sachen lernen als Wind machen und bösen Wind vertreiben, und war nicht viel im Bierhaus »Zur

Stadt Berlin«, oder im Wirtshaus »Zur Stadt Straßburg«, oder in Klein-Karlsruhe im »Wilhelm Tell« zu sehen, ob er gleich sein Landsmann war, auch nicht einmal recht am Sonntag auf dem Paradeplatz, oder zu Mühlburg im »Rappen«, sondern vom frühen Morgen bis in die späte Nacht beschäftigte er sich zwanzig Monate lang unermüdet und unverdrossen mit seiner Kunst, und wenn er wieder etwas Neues, Schönes und Nützliches gelernt hatte, so machte ihn das am Abend vergnügter, als der Zapfenstreich mit der schönsten türkischen Musik: zumal wenn ihm bei derselben sein Kostgänger einfiel bei den helvetischen Hülfstruppen.

Endlich kehrte er als ein ausgelernter Tierarzt, mit den schönsten Zeugnissen seiner Lehrer aus Karlsruhe, freudig in sein Vaterland zurück, wurde von dem Sanitätsrat in dem Kanton Aargau geprüft, legte zu jedermanns Erstaunen und Freude die weitläuftigsten und gründlichsten Kenntnisse an den Tag, erhielt mit wohlverdienten Lobsprüchen und Ehren das Patent auf seine Kunst – und sah sich nun nach allen ausgestandenen Schwierigkeiten und Mühseligkeiten am schönen Ziel seiner lebenslänglichen Wünsche, einer der geschicktesten und angesehensten Tierärzte, in dem ganzen Schweizerlande.

Jetzt weiß ich vier, die denken: Wenn solcher Mut und Ernst dazu gehört, etwas Braves zu lernen, so ist's kein Wunder, daß aus mir nichts hat werden wollen.

Guter Freund, nimm Gott zu Hülfe, und versuche es noch!

Der Wegweiser

Bekanntlich klagte einst ein alter Schulz von Wasselnheim seiner Frau, daß ihn sein *Französisch* fast unter den Boden bringe. Er sollte nämlich einem französischen Soldaten, der ausgerissen war, den Weg zeigen, verstand ihn nicht recht, antwortete ihm verkehrt, und bekam für die beste Meinung Schläge genug zum Dank, oder vielmehr zum Undank. Anderst sah ein Wegweiser an der württembergischen Grenze die Sache an. Er sollte nämlich im letzten Krieg einem Zug Franzosen den Weg über das Gebirg zeigen, wußte aber kein Wort von ihrer Sprache, als »Oui«, welches so viel heißt als *Ja*, und »Bougre«, welches ein Schimpfname ist. Diese zwei Worte hatte er oft gehört, und lernte sie nachsagen, ohne ihren Sinn zu verstehen. Anfänglich ging alles gut, solange die Franzosen nur unter sich sprachen, und ihn mit seiner Laterne und drei oder vier Tornistern, die sie ihm angehängt hatten, voraus- oder nebenhergehen ließen. Da er aber der Spur nach allemal mitlachte, wenn sie etwas zu lachen hatten, so fragte ihn einer französisch, ob er auch verstünde, was sie miteinander redeten. Er hätte herzhaft sagen dürfen:

Nein! Aber eben, weil er es nicht verstand, so kam es ihm nicht darauf an, was er antwortete. Er nahm daher all sein Französisch zusammen, und antwortete: »Oui Bougre.« (Ja, Ketzer!) Mit einem ehlenlangen französischen Fluch riß der Soldat den Säbel aus der Scheide, und ließ ihm denselben um den Kopf herum und nahe an den Ohren vorbeisausen. »Wie?« sagte er, »du willst einen französischen Soldaten schimpfen?« »Oui Bougre!« war die Antwort. Die andern hatten die höchste Zeit, dem erbosten Kameraden in den Arm zu fallen, daß er dem Wegweiser, ohne welchen sie in der finstern Nacht nicht konnten weiterkommen, nicht auf der Stelle den Kopf spaltete; doch gaben sie ihm mit manchem Fluch und Flintenstoß rechts und links zu verstehen, wie es gemeint sei, und fragten ihn alsdann, ob er jetzt wolle manierlicher sein. »Oui Bougre«, war die Antwort. Nun wurde er jämmerlich zerschlagen, und alle seine Bitten um Verzeihung und alle seine Bitten um Schonung legte er ihnen mit lauter »Oui Bougre« ans Herz. Endlich kamen sie auf die Vermutung, er sei verrückt (denn daß er Französisch verstehe, hatte er bejaht). Sie nahmen daher auf einem Hof, wo noch ein Licht brannte, einen andern Führer, jagten diesen fort, und er erwiderte den Abschied des einen, daß er sich zum Henker packen sollte, richtig mit »Oui Bougre«. Als er aber so bald wieder nach Haus kam, und sich seine Frau verwunderte, die ihn erst auf den andern Mittag wieder erwarten konnte, so erzählte er, wie die Soldaten unterwegs viel Spaß mit ihm gehabt hätten, so daß es ihm fast sei zu arg worden, und wie sie hernach auf dem Zirnhauser Hof einen andern genommen, und ihn wieder heimgeschickt hätten. Die Franzosen (setzte er treuherzig hinzu) sind nicht so schlimm als man meint, wenn man nur mit ihnen reden kann.

11

DER KOMMANDANT UND DIE JÄGER IN HERSFELD

Im letzten preußisch-russischen Krieg, als die französische Armee und ein großer Teil der bundsgenossischen Truppen in Polen und Preußen stand, befand sich ein Teil des badischen Jägerregiments in Hessen und in der Stadt Hersfeld auf ihren Posten. Denn dieses Land hatte der Kaiser im Anfang des Feldzugs eingenommen, und mit Mannschaft besetzt. Da gab es nun von seiten der Einwohner, denen das Alte besser gefiel, als das Neue, mancherlei Unordnungen, und es wurden besonders in dem Ort Hersfeld mehrere Widersetzlichkeiten ausgeübt, und unter andern ein französischer Offizier getötet. Das konnte der französische Kaiser nicht geschehen lassen, während er mit einem zahlreichen Feind im Angesicht kämpfte, daß auch hinter ihm Feindseligkeiten ausbrachen, und ein kleiner Funke sich zu einer großen Feuersbrunst entzündete. Die armen Einwohner von Hersfeld bekamen daher bald Ursache, ihre unüberlegte Kühnheit zu bereuen. Denn der französische Kaiser befahl, die Stadt Hersfeld zu plündern, und alsdann an vier Orten anzuzünden und in die Asche zu legen. Dieses Hersfeld ist ein Ort, der viele Fabriken, und daher auch viele reiche und wohlhabende Einwohner und schöne Gebäude hat; und ein Menschenherz kann wohl empfinden, wie es den armen Leuten, den Vätern und Müttern zumute war, als sie die Schreckenspost vernahmen; und der arme Mann, dem sein Hab und Gut auf einmal auf dem Arm konnte weggetragen werden, war jetzt so übel dran, als der Reiche, dem man es auf vielen Wagen nicht wegführen konnte, und in der Asche sind die großen Häuser auf dem Platz und die kleinen in den Winkeln auch so gleich, als die reichen Leute und die armen Leute auf dem Kirchhof. Nun zum Schlimmsten kam es nicht. Auf Fürbitte der französischen Kommandanten in Kassel und Hersfeld wurde die Strafe so gemildert: Es sollten zwar nur vier Häuser verbrannt werden, und dies war glimpflich; aber bei der Plünderung sollte es bleiben, und das war noch hart genug. Die unglücklichen Einwohner waren auch, als sie diesen letzten Bescheid hörten, so erschrocken, so alles Mutes und aller Besinnung beraubt, daß sie der menschenfreundliche Kommandant selber ermahnen mußte, statt des vergeblichen Klagens und Bittens, die kurze Frist zu benutzen, und ihr Bestes noch geschwind auf die Seite zu schaffen. Die fürchterliche Stunde schlug, die Trommel wirbelte ins Klaggeschrei der Unglücklichen. Durch das Getümmel der Flüchtenden und Fliehenden und Verzweifelten eilten die Soldaten auf ihren Sammelplatz. Da trat der brave Kommandant von Hersfeld vor die Reihen seiner Jäger, stellte ihnen zuerst das traurige Schicksal der Einwohner lebhaft vor die Augen, und sagte hierauf: »Soldaten! die Erlaubnis, zu plündern, fängt jetzt an. Wer dazu Lust hat, der trete heraus aus dem Glied.« Kein Mann trat heraus. Nicht einer! Der Aufruf wurde wiederholt. Kein Fuß bewegte sich; und wollte der Kommandant geplündert haben, so hätte er müssen selber gehen. Aber es war niemand lieber als ihm, daß die Sache also ablief, das ist leicht zu bemerken. Als die Bürger das erfuhren, war es ihnen zumute, wie einem, der aus einem schweren Traum erwacht. Ihre Freude ist nicht zu beschreiben. Sie schickten sogleich eine Gesandtschaft an den Kommandanten, ließen ihm für diese Milde und Großmut danken, und boten ihm aus Dankbarkeit ein großes Geschenk an. Wer weiß, was mancher getan hätte! Aber der Kommandant schlug dasselbe ab, und sagte, er lasse sich keine gute Tat mit Geld bezahlen. Dies geschah zu Hersfeld im Jahr 1807, und das Städtlein steht noch.

Kannitverstan

Der Mensch hat wohl täglich Gelegenheit, in Emmendingen und Gundelfingen, so gut als in Amsterdam Betrachtungen über den Unbestand aller irdischen Dinge anzustellen, wenn er will, und zufrieden zu werden mit seinem Schicksal, wenn auch nicht viel gebratene Tauben für ihn in der Luft herumfliegen. Aber auf dem seltsamsten Umweg kam ein deutscher Handwerksbursche in Amsterdam durch den Irrtum zur Wahrheit und zu ihrer Erkenntnis. Denn als er in diese große und reiche Handelsstadt, voll prächtiger Häuser, wogender Schiffe und geschäftiger Menschen, gekommen war, fiel ihm sogleich ein großes und schönes Haus in die Augen, wie er auf seiner ganzen Wanderschaft von Duttlingen bis nach Amsterdam noch keines erlebt hatte. Lange betrachtete er mit Verwunderung dies kostbare Gebäude, die 6 Kamine auf dem Dach, die schönen Gesimse und die hohen Fenster, größer als an des Vaters Haus daheim die Tür. Endlich konnte er sich nicht entbrechen, einen Vorübergehenden anzureden. »Guter Freund«, redete er ihn an, »könnt Ihr mir nicht sagen, wie der Herr heißt, dem dieses wunderschöne Haus gehört mit den Fenstern voll Tulipanen, Sternenblumen und Levkoien?« – Der Mann aber, der vermutlich etwas Wichtigeres zu tun hatte, und zum Unglück gerade so viel von der deutschen Sprache verstand, als der Fragende von der holländischen, nämlich nichts, sagte kurz und schnauzig: *»Kannitverstan«*; und schnurrte vorüber. Dies war ein holländisches Wort, oder drei, wenn man's recht betrachtet, und heißt auf deutsch so viel, als: *Ich kann Euch nicht verstehn.* Aber der gute Fremdling glaubte, es sei der Name des Mannes, nach dem er gefragt hatte. Das muß ein grundreicher Mann sein, der Herr Kannitverstan, dachte er, und ging weiter. Gaßaus gaßein kam er endlich an den Meerbusen, der da heißt: Het Ey, oder auf deutsch: das Ypsilon. Da stand nun Schiff an Schiff, und Mastbaum an Mastbaum; und er wußte anfänglich nicht, wie er es mit seinen zwei einzigen Augen durchfechten werde, alle diese Merkwürdigkeiten genug zu sehen und zu betrachten, bis endlich ein großes Schiff seine Aufmerksamkeit an sich zog, das vor kurzem aus Ostindien angelangt war, und jetzt eben ausgeladen wurde. Schon standen ganze Reihen von Kisten und Ballen auf- und nebeneinander am Lande. Noch immer wurden mehrere herausgewälzt, und Fässer voll Zucker und Kaffee, voll Reis und Pfeffer, und salveni Mausdreck darunter. Als er aber lange zugesehn hatte, fragte er endlich einen, der eben eine Kiste auf der Achsel heraustrug, wie der glückliche Mann heiße, dem das Meer alle diese Waren an das Land bringe. *»Kannitverstan«*, war die Antwort. Da dachte er: Haha, schaut's da heraus? Kein Wunder, wem das Meer solche Reichtümer an das Land schwemmt, der hat gut solche Häuser in die Welt stellen, und

solcherlei Tulipanen vor die Fenster in vergoldeten Scherben. Jetzt ging er wieder zurück, und stellte eine recht traurige Betrachtung bei sich selbst an, was er für ein armer Mensch sei unter so viel reichen Leuten in der Welt. Aber als er eben dachte: Wenn ich's doch nur auch einmal so gut bekäme, wie dieser Herr Kannitverstan es hat, kam er um eine Ecke, und erblickte einen großen Leichenzug. Vier schwarz vermummte Pferde zogen einen ebenfalls schwarz überzogenen Leichenwagen langsam und traurig, als ob sie wüßten, daß sie einen Toten in seine Ruhe führten. Ein langer Zug von Freunden und Bekannten des Verstorbenen folgte nach, Paar und Paar, verhüllt in schwarze Mäntel, und stumm. In der Ferne läutete ein einsames Glöcklein. Jetzt ergriff unsern Fremdling ein wehmütiges Gefühl, das an keinem guten Menschen vorübergeht, wenn er eine Leiche sieht, und blieb mit dem Hut in den Händen andächtig stehen, bis alles vorüber war. Doch machte er sich an den letzten vom Zug, der eben in der Stille ausrechnete, was er an seiner Baumwolle gewinnen könnte, wenn der Zentner um 10 Gulden aufschlüge, ergriff ihn sachte am Mantel, und bat ihn treuherzig um Excüse. »Das muß wohl auch ein guter Freund von Euch gewesen sein«, sagte er, »dem das Glöcklein läutet, daß Ihr so betrübt und nachdenklich mitgeht.« »*Kannitverstan!*« war die Antwort. Da fielen unserm guten Duttlinger ein paar große Tränen aus den Augen, und es ward ihm auf einmal schwer und wieder leicht ums Herz. »Armer Kannitverstan«, rief er aus, »was hast du nun von allem deinem Reichtum? Was ich einst von meiner Armut auch bekomme: ein Totenkleid und ein Leintuch, und von allen deinen schönen Blumen vielleicht einen Rosmarin auf die kalte Brust, oder eine Raute.« Mit diesen Gedanken begleitete er die Leiche, als wenn er dazu gehörte, bis ans Grab, sah den vermeinten Herrn Kannitverstan hinabsenken in seine Ruhestätte, und ward von der holländischen Leichenpredigt, von der er kein Wort verstand, mehr gerührt, als von mancher deutschen, auf die er nicht achtgab. Endlich ging er leichten Herzens, mit den andern wieder fort, verzehrte in einer Herberge, wo man Deutsch verstand, mit gutem Appetit ein Stück Limburger Käse, und, wenn es ihm wieder einmal schwerfallen wollte, daß so viele Leute in der Welt so reich seien, und er so arm, so dachte er nur an den Herrn Kannitverstan in Amsterdam, an sein großes Haus, an sein reiches Schiff, und an sein enges Grab.

Der Barbierjunge von Segringen

Man muß Gott nicht versuchen, aber auch die Menschen nicht. Denn im vorigen Spätjahr kam in dem Wirtshause zu Segringen ein Fremder von der Armee an, der einen starken Bart hatte, und fast wunderlich aussah, also, daß ihm nicht recht zu trauen war. Der sagt zum Wirt, eh' er etwas zu essen oder zu trinken fordert: »Habt Ihr keinen Barbier im Ort, der mich rasieren kann?« Der Wirt sagt ja, und holt den Barbier. Zu dem sagt der Fremde: »Ihr sollt mir den Bart abnehmen, aber ich habe eine kitzliche Haut. Wenn Ihr mich nicht ins Gesicht schneidet, so bezahl ich Euch 4 Kronentaler. Wenn Ihr mich aber schneidet, so stech ich Euch tot. Ihr wäret nicht der erste.« Wie der erschrockene Mann das hörte (denn der fremde Herr machte ein Gesicht, als wenn es nicht vexiert wäre, und das spitzige, kalte Eisen lag auf dem Tisch), so springt er fort und schickt den Gesellen. Zu dem sagt der Herr das nämliche. Wie der Gesell das nämliche hört, springt er ebenfalls fort, und schickt den Lehrjungen. Der Lehrjunge läßt sich blenden von dem Geld, und denkt: »Ich wag's. Geratet es, und ich schneide ihn nicht, so kann ich mir für 4 Kronentaler einen neuen Rock auf die Kirchweihe kaufen, und einen Schnepper. Geratet's nicht, so weiß ich, was ich tue«, und rasiert den Herrn. Der Herr hält ruhig still, weiß nicht, in welcher entsetzlichen Todesgefahr er ist, und der verwegene Lehrjunge spaziert ihm auch ganz kaltblütig mit dem Messer im Gesicht und um die Nase herum, als wenn's nur um einen Sechser, oder im Fall eines Schnittes um ein Stücklein Zunder oder Fließpapier darauf zu tun wäre, und nicht um 4 Kronentaler und um ein Leben, und bringt ihm glücklich den Bart aus dem Gesicht ohne Schnitt und ohne Blut, und dachte doch, als er fertig war: »Gottlob!«

Als aber der Herr aufgestanden war, und sich im Spiegel beschaut und abgetrocknet hatte, und gibt dem Jungen die 4 Kronentaler, sagt er zu ihm: »Aber junger Mensch, wer hat dir den Mut gegeben, mich zu rasieren, so doch dein Herr und der Gesell sind fortgesprungen? Denn wenn du mich geschnitten hättest, so hätt' ich dich erstochen.« Der Lehrjung aber bedankte sich lächelnd für das schöne Stück Geld, und sagte: »Gnädiger Herr, Ihr hättet mich nicht verstochen, sondern, wenn Ihr gezuckt hättet, und ich hätt' Euch ins Gesicht geschnitten, so wär' ich Euch zuvorgekommen, hätt' Euch augenblicklich die Gurgel abgehauen, und wäre auf und davon gesprungen.« Als der fremde Herr das hörte, und an die Gefahr dachte, in der er gesessen war, ward er erst blaß vor Schrecken und Todesangst, schenkte dem Burschen noch 1 Kronentaler extra, und hat seitdem zu keinem Barbier mehr gesagt: »Ich steche dich tot, wenn du mich schneidest.«

Das seltsame Rezept

Es ist sonst kein großer Spaß dabei, wenn man ein Rezept in die Apotheke tragen muß; aber vor langen Jahren war es doch einmal ein Spaß. Da hielt ein Mann von einem entlegenen Hof eines Tages mit einem Wagen und zwei Stieren vor der Stadtapotheke still, lud sorgsam eine große tannene Stubentüre ab, und trug sie hinein. Der Apotheker machte große Augen, und sagte: »Was wollt Ihr da, guter Freund, mit Eurer Stubentüre? Der Schreiner wohnt um 2 Häuser links.« Dem sagte der Mann, der Doktor sei bei seiner kranken Frau gewesen, und habe ihr wollen ein Tränklein verordnen, so sei in dem ganzen Haus keine Feder, keine Dinte, und kein Papier gewesen, nur eine Kreide. Da habe der Herr Doktor das Rezept an die Stubentüre geschrieben; und nun soll der Herr Apotheker so gut sein, und das Tränklein kochen.

Item, wenn es nur gut getan hat. Wohl dem, der sich in der Not zu helfen weiß.

Rezept

MERKWÜRDIGE GESPENSTERGESCHICHTE

Verwichenen Herbst fuhr ein fremder Herr durch Schliengen, so ein schöner braver Ort ist. Den Berg hinauf aber ging er zu Fuß wegen den Rossen, und erzählte einem Grenzacher folgende Geschichte, die ihm selber begegnet ist.

Als der Herr ein halbes Jahr vorher nach Dänemark reiste, kommt er auf den späten Abend in einen Flecken, wo nicht weit davon auf einer Anhöhe ein sauberes Schlößlein stand, und will über Nacht bleiben. Der Wirt sagt, er habe keinen Platz mehr für ihn, es werde morgen einer gerichtet, und seien schon drei Scharfrichter bei ihm über Nacht. So erwidert der Herr: »Ich will denn dort in das Schlößlein gehen. Der Zwingherr, oder wem es angehört, wird mich schon hineinlassen und ein leeres Bett für mich haben.« Der Wirt sagt: »Manch schönes Bett, mit seidenen Umhängen, steht aufgeschlagen in den hohen Gemächern; und die Schlüssel hab ich in Verwahrung. Aber ich will es Euch nicht raten. Der gnädige Herr ist schon vor einem Vierteljahr mit seiner Frau und mit dem Junker auf eine weite Reise gezogen, und seit der Zeit wüten im Schlößlein die Gespenster. Der Schloßvogt und das Gesinde konnten nimmer bleiben; und wer seitdem in das Schlößlein gekommen ist, der geht zum zweitenmal nimmer hinein.« Darüber lächelt der fremde Herr; denn er war ein herzhafter Mann, der nichts auf die Gespenster hielt, und sagt: »Ich will's versuchen.« Trotz aller Widerrede, mußte ihm der Wirt den Schlüssel geben; und nachdem er sich mit dem Nötigen zu einem Gespensterbesuch versehen hatte, ging er mit dem Bedienten, so er bei sich hatte, in das Schloß. Im Schloß kleidete er sich nicht aus, wollte auch nicht schlafen, sondern abwarten, was geschieht. Zu dem Ende stellte er zwei brennende Lichter auf den Tisch, legte ein paar geladene Pistolen daneben, nahm zum Zeitvertreib den »Rheinländischen Hausfreund«, so in Goldpapier eingebunden an einem roten seidenen Bändelein unter der Spiegelrahme hing, und beschaute die schönen Bilder. Lange wollte sich nichts spüren lassen. Aber als die Mitternacht im Kirchturm sich rührte, und die Glocke 12 schlug, eine Gewitterwolke zog über das Schloß weg, und die großen Regentropfen schlugen an die Fenster, da klopfte es dreimal stark an die Türe, und eine fürchterliche Gestalt, mit schwarzen schielenden Augen, mit einer halbellenlangen Nase, fletschenden Zähnen, und einem Bocksbart, zottig am ganzen Leib, trat in das Gemach, und brummte mit fürchterlicher Stimme: »Ich bin der Großherr Mephistopholes. Willkomm in meinem Palast! und habt Ihr auch Abschied genommen von Frau und Kind?« Dem fremden Herrn fuhr ein kalter Schauer vom großen Zehen an über den Rücken hinauf, bis unter die Schlafkappe, und an den armen Bedienten darf man gar nicht denken. Als aber der Mephistopholes mit fürchterlichen Grimassen und hochgehobenen Knieen gegen ihn herkam, als wenn er über lauter Flammen schreiten müßte, dachte der arme. Herr: In Gottes Namen, jetzt ist's einmal so, und stand herzhaft auf, hielt dem Ungetüm die Pistole entgegen, und sprach: »Halt, oder ich schieß!« Mit so etwas läßt sonst nicht jedes Gespenst sich schrecken, denn wenn man auch schießen will, so geht's nicht los, oder die Kugel fährt zurück und trifft nicht den Geist, sondern den Schütz. Aber Mephistopholes hob drohend den Zeigfinger in die Höhe, kehrte langsam um, und ging mit ebensolchen Schritten, als er gekommen war, wieder fort. Als aber der Fremde sah, daß dieser Satan Respekt vor dem Pulver hatte, dachte er: Jetzt ist keine Gefahr mehr, nahm in die andere Hand ein Licht, und ging dem Gespenst, das langsam einen Gang hinabschritt, ebenso langsam nach, und der Bediente sprang, so schnell er konnte, hinter ihm zum Tempel hinaus, und ins Ort, dachte, er wolle lieber bei den Scharfrichtern über Nacht sein, als bei den Geistern. – Aber auf dem Gang, auf einmal, verschwindet der Geist vor den Augen seines kühnen Verfolgers, und war nicht anderst, als wär' er in den Boden gesunken. Als aber der Herr noch ein paar Schritte weitergehen wollte, um zu sehen, wo er hingekommen, hörte auf einmal unter seinen Füßen der Boden auf, und er fiel durch ein Loch hinab, aus welchem ihm Feuerglast entgegenkam, und er glaubte selber, jetzt geh' es an einen andern Ort. Als er aber ungefähr zehen Fuß tief gefallen war, lag er zwar unbeschädigt auf einem Haufen Heu, in einem unterirdischen Gewölb. Aber sechs kuriose Gesellen standen um

ein Feuer herum, und der Mephistopholes war auch da. Allerlei wunderbares Geräte lag umher, und zwei Tische lagen gehauft voll funkelnder Rößleinstaler, einer schöner als der andere. Da merkte der Fremde, wie er daran war. Denn das war eine heimliche Gesellschaft von Falschmünzern, so alle Fleisch und Bein hatten. Diese benutzten die Abwesenheit des Zwingherrn, legten in seinem Schloß ihre verborgene Münzstöcke an, und waren vermutlich von seinen eigenen Leuten dabei, die im Haus Bericht und Gelegenheit wußten; und damit sie ihr heimlich Wesen ungestört und unbeschrieen treiben konnten, fingen sie den Gespensterlärmen an, und wer in das Haus kam, wurde so in Schrecken gesetzt, daß er zum zweitenmal nimmer kam. Aber jetzt fand der verwegene Reisende erst Ursache, seine Unvorsichtigkeit zu bereuen, und daß er den Vorstellungen des Wirts im Dorf kein Gehör gegeben hatte. Denn er wurde durch ein enges Loch hinein in ein anderes finsteres Gehalt geschoben, und hörte wohl, wie sie Kriegsrecht über ihn hielten, und sagten: »Es wird das beste sein, wenn wir ihn umbringen.« Aber einer sagte noch: »Wir müssen ihn zuerst verhören, wer er ist, und wie er heißt, und wo er sich herschreibt.« Als sie aber hörten, daß er ein vornehmer Herr sei und nach Kopenhagen zum König reise, sahen sie einander mit großen Augen an; und nachdem er wieder in dem finstern Gewölb war, sagten sie: »Jetzt steht die Sache schlimm. Denn wenn er vermißt wird, und es kommt durch den Wirt heraus, daß er ins Schloß gegangen ist, und ist nimmer herausgekommen, so kommen über Nacht die Husaren, heben uns aus, und der Hanf ist dies Jahr wohlgeraten, daß ein Strick zum Henken nicht viel kostet.« Also kündigten sie dem Gefangenen Pardon an, wenn er ihnen einen Eid ablegte, daß er nichts verraten wolle, und drohten, daß sie in Kopenhagen wollten auf ihn Achtung geben lassen; und er mußte ihnen auf den Eid hin sagen, wo er wohne. Er sagte: »Neben dem ›Wilden Mann‹ linker Hand in dem großen Haus mit grünen Läden.« Darnach schenkten sie ihm Burgunderwein ein zum Morgentrunk, und er schaute ihnen zu, wie sie Rößleintaler prägten bis an den Morgen. Als aber der Tag durch die Kellerlöcher hinabschien, und auf der Straße die Geißeln knallten, und der Kühhirt hürnte, nahm der Fremde Abschied von den nächtlichen Gesellen, bedankte sich für die gute Bewirtung, und ging mit frohem Mute wieder in das Wirtshaus, ohne daran zu denken, daß er seine Uhr und seine Tabakspfeife, und die Pistolen habe liegen lassen. Der Wirt sagte: »Gottlob, daß ich Euch wieder sehe, ich habe die ganze Nacht nicht schlafen können. Wie ist es Euch gegangen?« Aber der Reisende dachte: Ein Eid ist ein Eid, und um sein Leben zu retten, muß man den Namen Gottes nicht mißbrauchen, wenn man's nicht halten will.

Deswegen sagte er nichts, und weil jetzt das Glöcklein läutete, und der arme Sünder hinausgeführt wurde, so lief alles fort. Auch in Kopenhagen hielt er nachher reinen Mund, und dachte selber fast nicht mehr daran. Aber nach einigen Wochen kam ab der Post ein Kistlein an ihn, und waren darin ein paar neue, mit Silber eingelegte Pistolen von großem Wert, eine neue goldene Uhr mit kostbaren Demantsteinen besetzt, eine türkische Tabakspfeife mit einer goldenen Kette daran, und eine seidene mit Gold gestickte Tabaksblase, und ein Brieflein drin. In dem Brieflein stand: »Dies schicken wir Euch für den Schrecken, so Ihr bei uns ausgestanden, und zum Dank für Euere Verschwiegenheit. Jetzt ist alles vorbei, und Ihr dürft es erzählen, wem Ihr wollt.« Deswegen hat's der Herr dem Grenzacher erzählt, und das war die nämliche Uhr, die er oben auf dem Berg herauszog, als es in Hertingen Mittag läutete, und schaute, ob die Hertinger Uhr recht geht, und sind ihm hernach im »Storken« zu Basel von einem französischen General 75 neue Dublonen darauf geboten worden. Aber er hat sie nicht drum geben.

Der Husar in Neisse

Als im Anfang der Französischen Revolution die Preußen mit den Franzosen Krieg führten, und durch die Provinz Champagne zogen, dachten sie nicht daran, daß sich das Blättlein wenden könnte, und daß der Franzos noch im Jahr 1806 nach Preußen kommen, und den ungebetenen Besuch wettmachen werde. Denn nicht jeder führte sich auf, wie es einem braven Soldaten in Feindesland wohl ansteht. Unter andern drang damals ein brauner preußischer Husar, der ein böser Mensch war, in das Haus eines friedlichen Mannes ein, nahm ihm all sein bares Geld, so viel war, und viel Geldswert, zuletzt auch noch das schöne Bett mit nagelneuem Überzug, und mißhandelte Mann und Frau. Ein Knabe von 8 Jahren bat ihn knieend, er möchte doch seinen Eltern nur das Bett wiedergeben. Der Husar stoßt ihn unbarmherzig von sich. Die Tochter lauft ihm nach, hält ihn am Dolman fest, und fleht um Barmherzigkeit. Er nimmt sie, und wirft sie in den Sodbrunnen, so im Hofe steht, und rettet seinen Raub. Nach Jahr und Tagen bekommt er seinen Abschied, setzt sich in der Stadt *Neiße* in Schlesien, denkt nimmer daran, was er einmal verübt hat, und meint, es sei schon lange Gras darübergewachsen. Allein, was geschieht im Jahr 1806? Die Franzosen rücken in Neiße ein; ein junger Sergeant wird abends einquartiert bei einer braven Frau, die ihm wohl aufwartet. Der Sergeant ist auch brav, führt sich ordentlich auf, und scheint guter Dinge zu sein. Den andern Morgen kommt der Sergeant nicht zum Frühstück. Die Frau denkt: Er wird noch schlafen, und stellt ihm den Kaffee ins Ofenrohr. Als er noch immer nicht kommen wollte, ging sie endlich in das Stüblein hinauf, macht leise die Türe auf, und will sehen, ob ihm etwas fehlt.

Da saß der junge Mann wach und aufgerichtet im Bette, hatte die Hände ineinandergelegt, und seufzte, als wenn ihm ein groß Unglück begegnet wäre, oder als wenn er das Heimweh hätte, oder so etwas, und sah nicht, daß jemand in der Stube ist. Die Frau aber ging leise auf ihn zu, und fragte ihn: »Was ist Euch begegnet, Herr Sergeant, und warum seid Ihr so traurig?« Da sah sie der Mann mit einem Blick voll Tränen an, und sagte: Die Überzüge dieses Bettes, in dem er heute nacht geschlafen habe, haben vor 18 Jahren seinen Eltern in Champagne angehört, die in der Plünderung alles verloren haben und zu armen Leuten geworden sein, und jetzt denke er an alles, und sein Herz sei voll Tränen. Denn es war der Sohn des geplünderten Mannes in Champagne, und kannte die Überzüge noch, und die roten Namensbuchstaben, womit sie die Mutter gezeichnet hatte, waren ja auch noch daran. Da erschrak die gute Frau, und sagte, daß sie dieses Bettzeug von einem braunen Husaren gekauft habe, der noch hier in Neiße lebe, und sie könne nichts dafür. Da stand der

Franzose auf, und ließ sich in das Haus des Husaren führen, und kannte ihn wieder.

»Denkt Ihr noch daran«, sagte er zu dem Husaren, »wie Ihr vor 18 Jahren einem unschuldigen Mann in Champagne Hab und Gut, und zuletzt auch noch das Bett aus dem Hause getragen habt, und habt keine Barmherzigkeit gehabt, als Euch ein achtjähriger Knabe um Schonung anflehte; und an meine Schwester?« Anfänglich wollte der alte Sünder sich entschuldigen, es gehe bekanntlich im Krieg nicht alles wie es soll, und was der eine liegen lasse, hole doch ein anderer; und lieber nimmt man's selber. Als er aber merkte, daß der Sergeant der nämliche sei, dessen Eltern er geplündert und mißhandelt hatte; und als er ihn an seine Schwester erinnerte, versagte ihm vor Gewissensangst und Schrecken die Stimme, und er fiel vor dem Franzosen auf die zitternde Knie nieder, und konnte nichts mehr herausbringen, als: *»Pardon!«* dachte aber: Es wird nicht viel helfen.

Der geneigte Leser denkt vielleicht auch: Jetzt wird der Franzos den Husaren zusammenhauen, und freut sich schon darauf. Allein das könnte mit der Wahrheit nicht bestehen. Denn wenn das Herz bewegt ist, und vor Schmerz fast brechen will, mag der Mensch keine Rache nehmen. Da ist ihm die Rache zu klein und verächtlich, sondern er denkt: Wir sind in Gottes Hand, und will nicht Böses mit Bösem vergelten. So dachte der Franzose auch, und sagte: »Daß du mich mißhandelt hast, das verzeihe ich dir. Daß du meine Eltern mißhandelt und zu armen Leuten gemacht hast, das werden dir meine Eltern verzeihen. Daß du meine Schwester in den Brunnen geworfen hast, und ist nimmer davongekommen, das verzeihe dir Gott.« – Mit diesen Worten ging er fort, ohne dem Husaren das Geringste zuleide zu tun, und es ward ihm in seinem Herzen wieder wohl. Dem Husaren aber war es nachher zumut, als wenn er vor dem Jüngsten Gericht gestanden wäre, und hätte keinen guten Bescheid bekommen. Denn er hatte von dieser Zeit an keine ruhige Stunde mehr, und soll nach einem Vierteljahr gestorben sein.

Merke: Man muß in der Fremde nichts tun, worüber man sich daheim nicht darf finden lassen.

Merke: Es gibt Untaten, über welche kein Gras wächst.

DER REKRUT

Zum schwäbischen Kreiskontingent kam im Jahr 1795 ein Rekrut, so ein schöner wohlgewachsener Mann war. Der Offizier fragte ihn, wie alt er sei. Der Rekrut antwortete: »Einundzwanzig Jahr. Ich bin ein ganzes Jahr lang krank gewesen, sonst wär' ich zweiundzwanzig.«

18

Gute Antwort

Wer ausgibt, muß auch wieder einnehmen. Reitet einmal ein Mann an einem Wirtshaus vorbei, der einen stattlichen Schmerbauch hatte, also, daß er auf beiden Seiten fast über den Sattel herunterhängte. Der Wirt steht auf die Staffel, und ruft ihm nach: »Nachbar, warum habt Ihr denn den Zwerchsack vor Euch auf das Roß gebunden und nicht hinten?« Dem rief der Reitende zurück: »Damit ich ihn unter den Augen habe. Denn hinten gibt es Spitzbuben.« Der Wirt sagte nichts mehr.

19

EIN TEURER KOPF UND EIN WOHLFEILER

Als der letzte König von Polen noch regierte, entstand gegen ihn eine Empörung, was nichts Seltenes war. Einer von den Rebellen, und zwar ein polnischer Fürst, vergaß sich so sehr, daß er einen Preis von 20 000 Gulden auf den Kopf des Königs setzte. Ja, er war frech genug, es dem König selber zu schreiben, entweder, um ihn zu betrüben oder zu erschrekken. Der König aber schrieb ihm ganz kaltblütig zur Antwort: »Euern Brief habe ich empfangen und gelesen. Es hat mir einiges Vergnügen gemacht, daß mein Kopf bei Euch noch etwas gilt. Denn ich kann Euch versichern, für den Eurigen gäb' ich keinen roten Heller.«

20

BÖSER MARKT

In der großen Stadt London und rings um sie her gibt es außerordentlich viel gute Narren, die an anderer Leute Geld oder Sackuhren oder kostbaren Fingerringen eine kindische Freude haben, und nicht ruhen, bis sie dieselben haben. Dies bringen sie zuweg manchmal durch List und Betrug, noch öfter durch kühnen Angriff, manchmal am hellen lichten Tag und an der offenen Landstraße. Einem geratet es, dem andern nicht. Der Kerkermeister zu London und der Scharfrichter wissen davon zu erzählen. Eine seltsame Geschichte begegnete aber eines Tags einem vornehmen und reichen Mann. Der König und viele andere große Herren und Frauen waren an einem schönen Sommertage in einem großen königlichen Garten versammelt, dessen lange gewundene Gänge sich in der Ferne in einem Wald verloren. Viele andere Personen waren auch zugegen, denen es nicht auf einen Gang und auf ein paar Stunden ankam, ihren geliebten König und seine Familie froh und glücklich zu sehen. Man aß und trank, man spielte und tanzte; man ging spazieren in den schönen Gängen und zwischen dem duftenden Rosengebüsch paarweise und allein, wie es sich traf. Da stellte sich ein Mensch, wohlgekleidet, als wenn er auch dazugehörte, mit einer Pistole unter dem Rock, in einer abgelegenen Gegend an einen Baum, wo der Garten an den Wald grenzt, dachte, es wird schon jemand kommen. Wie gesagt, so geschehen, kommt ein Herr mit funkelndem Fingerring, mit klingenden Uhrenketten, mit diamantnen Schnallen, mit breitem Ordensband und goldnem Stern, will spazierengehn im kühlen Schatten, und denkt an nichts. Indem er an nichts denkt, kommt der Geselle hinter dem Baum hervor, macht dem guten Herrn ein bescheidenes Kompliment, zieht die Pistole zwischen dem Rock und Kamisol heraus, richtet ihre Mündung auf des Herrn Brust, und bittet ihn höflich, keinen Lärm zu machen, es brauche niemand zu wissen, was sie miteinander zu reden haben. Man muß übel dran sein, wenn man vor einer Pistole steht, weil man nicht weiß, was drinsteckt. Der Herr dachte vernünftig: Der Leib ist kostbarer als das Geld; lieber den Ring verloren, als den Finger; und versprach zu schweigen. »Gnädiger Herr«, fuhr jetzt der Geselle fort: »Wären Euch Eure zwei goldenen Uhren nicht feil für gute Bezahlung? Unser Schulmeister richtet die Uhr alle Tage anders, man weiß nie, wie man dran ist, und an der Sonnenuhr sind die Zahlen verwischt.« Will der reiche Herr wohl oder übel, so muß er dem Halunken die Uhren verkaufen für ein paar Stüber oder etwas, so man kaum ein Schöpplein dafür kann trinken. Und so handelt ihm der Spitzbube Ring und Schnallen und Ordensstern und das goldene Herz, so er vorne auf der Brust im Hemd hatte, Stück für Stück ab um schlechtes Geld, und immer mit der Pistole in der linken Hand. Als endlich der

Herr dachte: Jetzt bin ich absolviert, gottlob! fing der Spitzbube von neuem an: »Gnädiger Herr, weil wir so gut miteinander zurechtkommen, wolltet Ihr mir nicht auch von meinen Waren etwas abhandeln?« Der Herr denkt an das Sprichwort, daß man müsse zu einem bösen Markt ein gutes Gesicht machen, und sagt: »Laßt sehen!« Da zog der Bursche allerlei Kleinigkeiten aus der Tasche hervor, so er vom Zweibatzenkrämer gekauft, oder auch schon auf einer ungewischten Bank gefunden hatte, und der gute Herr mußte ihm alles abkaufen, Stück für Stück um teures Geld. Als endlich der Spitzbube nicht mehr als die Pistole übrig hatte, und sah, daß der Herr noch ein paar schöne Dublonen in dem grünen seidenen Geldbeutel hatte, sprach er noch: »Gnädiger Herr, wolltet Ihr mir für den Rest, den Ihr da in den Händen habt, nicht die Pistole abkaufen? Sie ist vom besten Büchsenschmied in London, und zwei Dublonen unter Brüdern wert.« Der Herr dachte in der Überraschung: Du dummer Dieb! und kauft die Pistole. Als er aber die Pistole gekauft hatte, kehrte er den Stiel um, und sprach: »Nun halt, sauberer Geselle, und geh augenblicklich voraus, wohin ich dich heißen werde, oder ich schieße dich auf der Stelle tot.« Der Spitzbube aber nahm einen Sprung in den Wald, und sagte: »Schießt herzhaft los, gnädiger Herr, sie ist nicht geladen.« Der Herr drückte ab, und es ging wirklich nicht los. Er ließ den Ladstock in den Lauf fallen, und es war kein Körnlein Pulver darin. Der Dieb aber war unterdessen schon tief im Wald; und der vornehme Engländer ging schamrot zurück, daß er sich also habe in Schrecken setzen lassen, und dachte an vieles.

21

EIN GUTES REZEPT

In Wien der Kaiser Joseph war ein weiser und wohltätiger Monarch, wie jedermann weiß, aber nicht alle Leute wissen, wie er einmal der Doktor gewesen ist, und eine arme Frau kuriert hat. Eine arme kranke Frau sagte zu ihrem Büblein: »Kind, hol mir einen Doktor, sonst kann ich's nimmer aushalten vor Schmerzen.« Das Büblein lief zum ersten Doktor und zum zweiten, aber keiner wollte kommen, denn in Wien kostet ein Gang zu einem Patienten einen Gulden, und der arme Knabe hatte nichts als Tränen, die wohl im Himmel für gute Münze gelten, aber nicht bei allen Leuten auf der Erde. Als er aber zum dritten Doktor auf dem Weg war, oder heim, fuhr langsam der Kaiser in einer offenen Kutsche an ihm vorbei. Der Knabe hielt ihn wohl für einen reichen Herrn, ob er gleich nicht wußte, daß es der Kaiser ist, und dachte: Ich will's versuchen. »Gnädiger Herr«, sagte er, »wolltet Ihr mir nicht einen Gulden schenken, seid so barmherzig!« Der Kaiser dachte: Der faßt's kurz, und denkt, wenn ich den Gulden auf einmal bekomme, so brauch ich nicht sechzigmal um den Kreuzer zu betteln. »Tut's ein Käsperlein oder zwei Zwanziger nicht auch?« fragt ihn der Kaiser. Das Büblein sagte: »Nein«, und offenbarte ihm, wozu er das Geld benötigt sei. Also gab ihm der Kaiser den Gulden, und ließ sich genau von ihm beschreiben, wie seine Mutter heißt, und wo sie wohnt, und während das Büblein zum dritten Doktor springt, und die kranke Frau betet daheim, der liebe Gott wolle sie doch nicht verlassen, fährt der Kaiser zu ihrer Wohnung und verhüllt sich ein wenig in seinen Mantel, also daß man ihn nicht recht erkennen konnte, wer ihn nicht darum ansah. Als er aber zu der kranken Frau in ihr Stüblein kam, und sah recht leer und betrübt darin aus, meint sie, es ist der Doktor, und erzählt ihm ihren Umstand, und wie sie noch so arm dabei sei, und sich nicht pflegen könne. Der Kaiser sagte: »Ich will Euch dann jetzt ein Rezept verschreiben«, und sie sagte ihm, wo des Bübleins Schreibzeug ist. Also schrieb er das Rezept, und belehrte die Frau, in welche Apotheke sie es schicken müsse, wenn das Kind heimkommt, und legte es auf den Tisch. Als er aber kaum eine Minute fort war, kam der rechte Doktor auch. Die Frau verwunderte sich nicht wenig, als sie hörte, er sei auch der Doktor, und entschuldigte sich, es sei schon so einer da gewesen und hab' ihr etwas verordnet, und sie habe nur auf ihr Büblein gewartet. Als aber der Doktor das Rezept in die Hand nahm und sehen wollte, wer bei ihr gewesen sei und was für einen Trank oder Pillelein er ihr verordnet hat, erstaunte er auch nicht wenig, und sagte zu ihr: »Frau«, sagte er, »Ihr seid einem guten Arzt in die Hände gefallen, denn er hat Euch fünfundzwanzig Dublonen verordnet, beim Zahlamt zu erheben, und untendran steht: *Joseph*, wenn Ihr ihn kennt. Ein solches Magenpflaster und Herzsalbe und Augentrost hätt' ich Euch nicht verschreiben können.« Da tat die Frau einen Blick gegen den Himmel und konnte nichts sagen vor Dankbarkeit und Rührung, und das Geld wurde hernach richtig und ohne Anstand von dem Zahlamt ausbezahlt, und der Doktor verordnete ihr eine Mixtur, und durch die gute Arznei und durch die gute Pflege, die sie sich jetzt verschaffen konnte, stand sie in wenig Tagen wieder auf gesunden Beinen. Also hat der Doktor die kranke Frau kuriert, und der Kaiser die arme, und sie lebt noch und hat sich nachgehends wieder verheiratet.

WIE MAN AUS BARMHERZIGKEIT RASIERT WIRD

In eine Barbierstube kommt ein armer Mann mit einem starken schwarzen Bart, und statt eines Stücklein Brotes bittet er, der Meister soll so gut sein, und ihm den Bart abnehmen um Gottes willen, daß er doch auch wieder aussehe wie ein Christ. Der Meister nimmt das schlechteste Messer, wo er hat, denn er dachte: Was soll ich ein gutes daran stumpf hacken für nichts und wieder nichts? Während er an dem armen Tropfen hackt und schabt, und er darf nichts sagen, weil's ihm der Schinder umsonst tut, heult der Hund auf dem Hof. Der Meister sagt: »Was fehlt dem Mopper, daß er so winselt und heult?« Der Christoph sagt: »Ich weiß nicht.« Der Hans Frieder sagt: »Ich weiß auch nicht.« Der arme Mann unter dem Messer aber sagt: »Er wird vermutlich auch um Gottes willen barbiert, wie ich.«

23

UNVERHOFFTES WIEDERSEHEN

In Falun in Schweden küßte vor guten fünfzig Jahren und mehr ein junger Bergmann seine junge hübsche Braut und sagte zu ihr: »Auf Sankt Luciä wird unsere Liebe von des Priesters Hand gesegnet. Dann sind wir Mann und Weib, und bauen uns ein eigenes Nestlein.« – »Und Friede und Liebe soll darin wohnen«, sagte die schöne Braut mit holdem Lächeln, »denn du bist mein einziges und alles, und ohne dich möchte ich lieber im Grab sein, als an einem andern Ort.« Als sie aber vor St. Luciä der Pfarrer zum zweitenmal in der Kirche ausgerufen hatte: *»So nun jemand Hindernis wüßte anzuzeigen, warum diese Personen nicht möchten ehelich zusammenkommen«* – da meldete sich der *Tod.* Denn als der Jüngling den andern Morgen in seiner schwarzen Bergmannskleidung an ihrem Haus vorbeiging, der Bergmann hat sein Totenkleid immer an, da klopfte er zwar noch einmal an ihrem Fenster, und sagte ihr guten Morgen, aber keinen guten Abend mehr. Er kam nimmer aus dem Bergwerk zurück, und sie saumte vergeblich selbigen Morgen ein schwarzes Halstuch mit rotem Rand für ihn zum Hochzeittag, sondern als er nimmer kam, legte sie es weg, und weinte um ihn und vergaß ihn nie. Unterdessen wurde die Stadt Lissabon in Portugal durch ein Erdbeben zerstört, und der Siebenjährige Krieg ging vorüber, und Kaiser Franz der Erste starb, und der Jesuitenorden wurde aufgehoben und Polen geteilt, und die Kaiserin Maria Theresia starb, und der Struensee wurde hingerichtet, Amerika wurde frei, und die vereinigte französische und spanische Macht konnte Gibraltar nicht erobern. Die Türken schlossen den General Stein in der Veteraner Höhle in Ungarn ein, und der Kaiser Joseph starb auch. Der König Gustav von Schweden eroberte russisch Finnland, und die Französische Revolution und der lange Krieg fing an, und der Kaiser Leopold der Zweite ging auch ins Grab. Napoleon eroberte Preußen, und die Engländer bombardierten Kopenhagen, und die Ackerleute säeten und schnitten. Der Müller mahlte, und die Schmiede hämmerten, und die Bergleute gruben nach den Metalladern in ihrer unterirdischen Werkstatt. Als aber die Bergleute in Falun im Jahr 1809 etwas vor oder nach Johannis zwischen zwei Schachten eine Öffnung durchgraben wollten, gute dreihundert Ehlen tief unter dem Boden gruben sie aus dem Schutt und Vitriolwasser den Leichnam eines Jünglings heraus, der ganz mit Eisenvitriol durchdrungen, sonst aber unverwest und unverändert war; also daß man seine Gesichtszüge und sein Alter noch völlig erkennen konnte, als wenn er erst vor einer Stunde gestorben, oder ein wenig eingeschlafen wäre, an der Arbeit. Als man ihn aber zu Tag ausgefördert hatte, Vater und Mutter, Gefreunde und Bekannte waren schon lange tot, kein Mensch wollte den schlafenden

Jüngling kennen oder etwas von seinem Unglück wissen, bis die ehemalige Verlobte des Bergmanns kam, der eines Tages auf die Schicht gegangen war und nimmer zurückkehrte. Grau und zusammengeschrumpft kam sie an einer Krücke an den Platz und erkannte ihren Bräutigam; und mehr mit freudigem Entzücken als mit Schmerz sank sie auf die geliebte Leiche nieder, und erst als sie sich von einer langen heftigen Bewegung des Gemüts erholt hatte: »Es ist mein Verlobter«, sagte sie endlich, »um den ich fünfzig Jahre lang getrauert hatte, und den mich Gott noch einmal sehen läßt vor meinem Ende. Acht Tage vor der Hochzeit ist er unter die Erde gegangen und nimmer heraufgekommen.« Da wurden die Gemüter aller Umstehenden von Wehmut und Tränen ergriffen, als sie sahen die ehemalige Braut jetzt in der Gestalt des hingewelkten kraftlosen Alters und den Bräutigam noch in seiner jugendlichen Schöne, und wie in ihrer Brust nach 50 Jahren die Flamme der jugendlichen Liebe noch einmal erwachte; aber er öffnete den Mund nimmer zum Lächeln oder die Augen zum Wiedererkennen; und wie sie ihn endlich von den Bergleuten in ihr Stüblein tragen ließ, als die einzige, die ihm angehöre, und ein Recht an ihn habe, bis sein Grab gerüstet sei auf dem Kirchhof. Den andern Tag, als das Grab gerüstet war auf dem Kirchhof und ihn die Bergleute holten, schloß sie ein Kästlein auf, legte sie ihm das schwarzseidene Halstuch mit roten Streifen um, und begleitete ihn alsdann in ihrem Sonntagsgewand, als wenn es ihr Hochzeittag und nicht der Tag seiner Beerdigung wäre. Denn als man ihn auf dem Kirchhof ins Grab legte, sagte sie: »Schlafe nun wohl, noch einen Tag oder zehen im kühlen Hochzeitbett, und laß dir die Zeit nicht lange werden. Ich habe nur noch wenig zu tun, und komme bald, und bald wird's wieder Tag. – Was die Erde einmal wiedergegeben hat, wird sie zum zweitenmal auch nicht behalten«, sagte sie, als sie fortging, und noch einmal umschaute.

INHALT

Die Texte folgen der Ausgabe Johann Peter Hebel, *Gesammelte Werke. Kommentierte Lese- und Studienausgabe in sechs Bänden*, herausgegeben von Jan Knopf, Franz Littmann und Hansgeorg Schmidt-Bergmann unter Mitarbeit von Esther Stern im Auftrag der Literarischen Gesellschaft Karlsruhe, Wallstein Verlag Göttingen 2019. Die Auswahl besorgte Matthias Reiner.

 Bezugspapier: Irmela Schautz, Berlin. Gesetzt in der Schrift Minion Pro. Gedruckt auf holzfreies, alterungsbeständiges Werkdruckpapier der Firma LENK Paper Schleipen GmbH, Bad Dürkheim, von der Memminger MedienCentrum AG, Memmingen. Gebunden in Fadenheftung von der Conzella Verlagsbuchbinderei GmbH & Co. KG, Aschheim-Dornach. Dieses Buch wurde klimaneutral produziert: climatepartner.com/ 14438-2110-1001. Printed in Germany.
ISBN 978-3-458-19522-1. www.insel-verlag.de